AF603053

MONSIEUR

L'ABBÉ A. CAUX

CURÉ
DE LA
PAROISSE S. GERMAIN-DES-PRÉS

A PARIS

MONSIEUR

L'ABBÉ AUGUSTE CAUX

CURÉ

DE LA PAROISSE S.-GERMAIN DES PRÉS

SCEAU DE L'ABBAYE S.-GERMAIN DES PRÉS

D'après le sceau appendu à une charte de l'an 1216, et conservé aux Archives nationales.

MONSIEUR

L'ABBÉ AUGUSTE CAUX

CURÉ

DE LA PAROISSE SAINT-GERMAIN DES PRÉS

A PARIS

PARIS

IMPRIMERIE DE D. DUMOULIN ET Cie

5, RUE DES GRANDS-AUGUSTINS, 5

DÉCEMBRE 1890

L'AGNEAU VICTIME ET TRIOMPHANT
Fresque d'Hippolyte Flandrin dans l'église S.-Germain des Prés, chapelle des Apôtres.

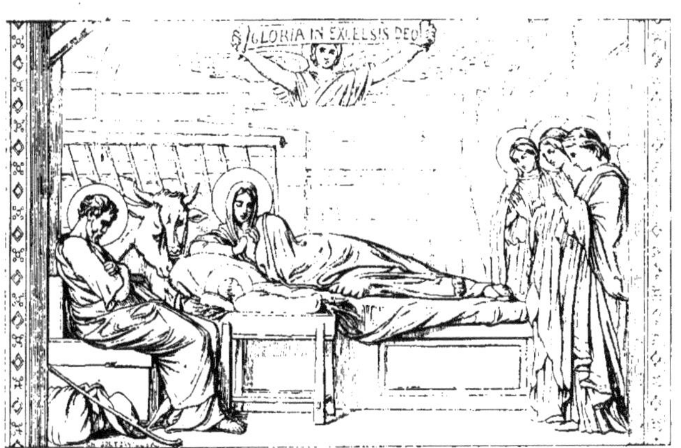

LA NATIVITÉ DE NOTRE-SEIGNEUR
Fresque d'Hip. Flandrin, dans l'église Saint-Germain des Prés.

AUX ENFANTS DE MARIE

DE LA PAROISSE SAINT-GERMAIN DES PRÉS

Vous avez exprimé le désir de conserver, autre part que dans une feuille hebdomadaire, ce qui avait été trop succinctement écrit, au lendemain de sa mort, sur notre vénéré curé.

Comment me refuser à ces pieuses instances? Il était le fondateur de votre association et il n'avait cessé de vous diriger. Vous avez du reste vous-mêmes généreusement facilité l'exécution de votre demande.

Mais, afin de donner quelque prix aux pages que j'ai l'honneur de vous offrir, on les a fait précéder du portrait de M. l'abbé A. Caux. Vous jugerez peut-être que l'artiste a été plus habile et plus heureux que le biographe ; mais mon œuvre s'appuiera sur la sienne.

Les traits de cette physionomie grave et distinguée, dont un rayon de bonté éclairait l'habituelle et voulue austérité, vous aideront à pénétrer et à mieux comprendre l'âme sacerdotale qui se reflétait dans leur expressive sérénité. En la connaissant davantage, vous la vénérerez avec une plus respectueuse reconnaissance.

L'abbé J.-B. VANEL
Vicaire de Saint-Germain des Prés.

L'AIGLE
Symbole de l'évangéliste saint Jean. — Fresque d'Hip. Flandrin dans l'église S.-Germain des Prés.

LE CHRIST, SOUVERAIN PRÈTRE, INSTITUE
LE SACRIFICE EUCHARISTIQUE
Fresque d'Hippolyte Flandrin dans l'église Saint-Germain des Prés.

M. AUGUSTE CAUX

La paroisse de Saint-Germain des Prés, douloureusement éprouvée, au commencement de l'année, par la perte de son premier vicaire, M. l'abbé Victor Navet, menait, le 13 octobre dernier, un nouveau deuil, plus cruel que le précédent; elle célébrait les funérailles de son vénéré et pieux pasteur.

L'affluence était extraordinaire, les regrets unanimes, la tristesse visible et profonde; chacun se plaisait à rendre aux vertus et aux services du regretté défunt un hommage sincère. En racontant, à notre tour, les mérites et les sacrifices de cette vie sacerdotale, si pleine et trop tôt interrompue, notre intention est moins d'y trouver l'occasion d'une vaine louange, que de rassembler des exemples qu'il convient de ne pas oublier. L'honneur de la religion y gagnera, la piété en sera édifiée, notre douleur consolée.

M. Auguste Caux, né le 27 avril 1825, appartenait par sa naissance à une famille du vieux Paris ; il reçut le baptême dans l'église Saint-Germain l'Auxerrois.

Son grand-père maternel n'était désigné dans le quartier que sous le nom du « bon M. Hersent »; un de ses oncles, successivement curé de Thiais et de Saint-Lambert de Vaugirard, décédé le 21 janvier 1863, a laissé une mémoire en bénédiction ; son frère aîné a été vice-président général des Conférences de Saint-Vincent de Paul et président des Patronages : avec quel dévouement et avec quelle autorité, les anciens membres se plaisent à ne pas l'oublier ; deux de ses sœurs sont religieuses, l'une à l'Abbaye-aux-Bois, l'autre, parmi les Filles de la Charité.

Et si nous remontions plus haut, nous rencontrerions des souvenirs non moins attachants. Ses ancêtres du côté paternel étaient originaires du nord de l'Europe, Norvégiens probablement. Ils avaient quitté leur patrie pour ne pas embrasser le luthéranisme : l'exil leur avait semblé moins dur que l'hérésie.

Dans l'*Année sainte* de la Visitation, parmi les religieuses les plus recommandables et les plus éminentes du dix-septième siècle, nous rencontrons le nom d'une de ses arrière-grand'-tantes. La vertueuse et digne Mère Marguerite-Hiéronyme Hersent, professe du couvent de la rue Saint-Antoine, avait connu sainte Jeanne de Chantal, et pendant vingt ans elle avait été formée sous la direction de saint Vincent de Paul. Élue pour gouverner le monastère de Paray-le-Monial, elle achevait sa sixième année de supériorité, lorsqu'elle eut le bonheur d'en ouvrir les portes à une jeune novice de Verosvres, l'amie et le futur apôtre du Sacré Cœur. Accueillie et voilée par la Mère Hersent, la bienheureuse Marguerite-Marie devait remplir le cloître du parfum de sa sainteté et embraser l'univers du feu de ses extases.

On voit à ces détails dans quelle pure atmosphère de foi traditionnelle et de dévotion s'est passée, au foyer domestique, la première enfance de M. Caux.

Un fait, que nous ne qualifierons pas autrement que de singulier, confirme cette observation. Vers l'âge de trois ans, il fut atteint d'une maladie étrange et inexplicable ; les médecins appelés trouvaient leur science en défaut ; l'un d'eux, cependant, rédigea une ordonnance, tout en ne cachant pas son peu de confiance dans les remèdes prescrits ; à la pharmacie, tenue par un parent, on fut encore moins rassurant.

De retour à la maison, malgré les protestations des personnes présentes, la mère tire l'enfant de son lit, l'enveloppe de couvertures et le porte à Notre-Dame. On était en carême, les saintes reliques de la Passion étaient exposées ; elle demande à les faire baiser à son fils, elle le soulève et le soutient elle-même ; on s'étonne, autour d'elle, de sa hardiesse et de sa ferveur, mais, sous ce bienfaisant attouchement, le petit moribond ouvre les yeux, tressaille et revient à la vie.

A dix ans, il suivit ses deux frères au collège Stanislas ; il y fit sa première communion avec un recueillement attendri. Volontiers il rappelait que les premiers indices de sa vocation lui avaient été révélés dans cette inoubliable journée : il lui avait semblé entendre comme une voix intérieure qui lui annonçait sa destinée, en lui répétant : « Tu seras prêtre ; tu seras prêtre. » Il lui eût été commode d'achever son éducation dans cette maison célèbre, où les principes religieux n'étaient pas moins en honneur que la discipline et les fortes études ; il préféra le petit séminaire de Saint-Nicolas du Chardonnet ; quand il exprima le désir d'y entrer ; sa demande excita quelque étonnement et trouva de la résistance : on voyait des inconvénients à le séparer de ses frères ; il insista avec des raisons si sages et si précises qu'il finit par l'emporter. L'éclat que le nouveau supérieur, M. l'abbé Dupanloup, jetait alors sur cette institution, par son nom, ses talents et ses réformes, n'était pas ce qui l'avait le plus attiré ; il avait jugé qu'il serait ainsi plus complètement dans sa voie véritable et qu'il pourrait accorder davantage à sa formation cléricale ; il n'en jouit pas moins avec ses condisciples, dont quelques-uns sont la gloire du clergé français, de l'avantage unique d'être conduit, encouragé et entraîné par un tel maître, un de ceux qui ont donné à la jeunesse, dans ce siècle, la plus profonde et la plus chrétienne empreinte.

A Issy et à Saint-Sulpice il acheva sa préparation ; dans ces deux maisons, ses maîtres lui confièrent le soin des pauvres et la distribution des aumônes.

Ordonné prêtre le 21 décembre 1850, il fut, quelques jours après, envoyé comme vicaire à Notre-Dame de la Croix de Ménilmontant. La paroisse, détachée de celle de Belleville depuis peu, était encore dans sa période de formation ; l'église était plus que pauvre, la population plus que défiante. Le jeune prêtre apporta à sa tâche épineuse tout son zèle ; il montra une ardeur, un entrain, un courage, qui ravirent son charitable curé, M. Depille ; dans les catéchismes, il se révéla, dès les premières instructions, comme un maître habile à saisir des esprits légers, à fixer l'attention, à gagner le cœur. Les enfants, séduits par sa bonté, ses histoires, ses bons mots, son sourire, commencèrent sa popularité ; en se prodiguant au chevet des malades, il l'accrut encore ; pendant dix-sept ans, elle ne fut pas effleurée par la moindre contradiction. Il parvint à grouper un assez grand nombre d'hommes pour établir l'adoration nocturne et passer une nuit, toutes les quinzaines d'abord, chaque semaine ensuite, au pied du Saint Sacrement.

D'un ministère aussi fécond et honoré, que ne pouvait-on pas augurer et attendre? On avait raison de tout se promettre de sa piété éclairée, de son caractère grave, sans pédanterie; de sa charité, qui ne savait pas plus refuser une aumône que faire attendre un service; de sa sagesse, austère parfois, revêtant des apparences de froideur, mais toujours accompagnée de bienveillance dans les jugements et d'énergie dans les résolutions; enfin, de son esprit de foi, qui n'a cessé de subordonner ses sentiments, ses paroles et ses actions, aux motifs les plus purs de l'ordre surnaturel.

M. l'abbé Caux se plaisait à Ménilmontant, et, comme par le pressentiment que cette première période de son sacerdoce devait aussi en être la plus douce, convaincu qu'il ne retrouverait pas ailleurs autant d'occasions et de facilité pour se dépenser sans mesure et en toute simplicité, il se réjouissait de n'être point enlevé à son faubourg.

Cependant, en 1867, l'administration de Mgr Darboy lui confia l'importante aumônerie de la Salpêtrière; il voulut que son ministère fût spécialement placé sous la protection de la sainte Vierge : il l'inaugura, en célébrant la messe le 25 mars, au jour de son Annonciation. Il s'y trouvait encore pendant les sombres jours du siège et de la Commune.

Un trait, qui remonte à cette date, nous le peint tout entier, avec son habituel oubli de lui-même, son empressement à ne prendre que de sa conscience l'inspiration et l'ordre d'agir, avec sa simplicité familière, poussée dans ce cas jusqu'au véritable héroïsme. Le vaste hospice avait reçu un certain nombre de soldats atteints de la variole noire ; l'épidémie était en pleine poussée; l'isolement le plus complet fut prescrit. L'aumônier ne s'en soucia guère, il porta à ses pauvres moribonds les secours religieux, les visita assidûment, les confessa, leur administra les derniers sacrements. Mais a piété souffrait de les voir privés de la consolation d'entendre la messe; ne prenant conseil que de son courage et de son amour pour les âmes, il fit dresser un autel dans ce lazaret, où l'on respirait, avec un air corrompu, la mort à pleins poumons, et chaque matin, durant plusieurs semaines, il y célébra le saint sacrifice.

« Ce serait moins troublant et pas plus dangereux, dit un général inspecteur, de se tenir debout sous une pluie de balles prussiennes, que de réciter cette messe dans cette atmosphère empoisonnée. L'abbé ne bronche pas. »

De la Salpêtrière, M. Caux fut appelé à la cure de Saint-Jean-Baptiste de Belleville ; son installation eut lieu le 13 janvier 1873, présidée par M. Langénieux, alors vicaire général, depuis cardinal-archevêque de Reims.

Il était providentiellement destiné aux postes de combat. On l'y savait bien préparé. Mais dans ce quartier agité, où il remontait, en suivant le même chemin que les otages avaient pris, afin de se rendre à la fusillade de la rue Haxo, son arme fut, comme par le passé, la charité. Elle dicta ses discours, elle soutint ses démarches, elle disposa de sa fortune, elle accrut son abnégation, elle soutint son cœur dans de poignantes et intimes angoisses.

Cinq ans après, le 2 mai 1878, l'archidiacre de Sainte-Geneviève, M. l'abbé Caron, le mettait en possession du presbytère, de l'église et de la paroisse de Saint-Germain des Prés.

Pas un temple, à Paris, ne jouit d'un passé plus illustre que l'antique abbatiale. Fondée par le roi Childebert, sur les instances du moine-évêque dont elle a pris le nom, elle servit de sépulture aux premiers mérovingiens, et pendant douze siècles, elle demeura le foyer de la vie religieuse d'un des monastères les plus célèbres, les plus riches et les plus savants de France.

Après que la Révolution eut dispersé les derniers

VUE ORIENTALE DE L'ABBAYE DE SAINT-GERMAIN DES PRÉS
telle qu'elle était en 1361. (*Hist. de Saint-Germain des Prés*, de D. Bouillart).
D. Chemin qui conduit au Pré-aux-Clercs. — F. Fossés de l'abbaye. — G. Porte papale. — H. Cloître. — I. Réfectoire. — K. Le dortoir. — L. L'église. M. Chapelle de la Vierge. — P. La grande porte du monastère. — R. Barrière sur les fossés. — T. Le pilori.

Bénédictins, le feu consumé une partie des trésors de leur bibliothèque, le vandalisme et l'exploitation renversé les bâtiments claustraux et tracé des rues dans leur enceinte, l'édifice fut épargné ; sa renommée le sauva de la pioche des démolisseurs ; avec sa haute et massive tour du porche, les curieux chapiteaux de ses colonnes, ses voûtes romanes et l'élégant triforium de l'abside, il resta debout, quoique mutilé, comme le vaste reliquaire de tant de gloires évanouies et des plus pures traditions de la piété, de l'histoire et des lettres.

Le concordat le rouvrit, et on se hâta de le débarrasser de tout ce que lui avait fait subir sa transformation momentanée en usine de salpêtre.

La sollicitude des curés qui se succédèrent depuis lors fut surtout appliquée à mener cette restauration à toute la perfection possible. On peut dire qu'ils y mirent tous la main, et cependant près d'un siècle écoulé n'aura pas suffi au complet achèvement de l'œuvre, tant il est long d'effacer les injures des hommes, tant il est difficile d'arrêter les secousses et les ébranlements du temps.

L'attention de M. l'abbé Caux fut nécessairement entraînée d'un autre côté ; car moins d'un an après son arrivée, presque coup sur coup, les deux écoles des Frères et des Sœurs étaient laïcisées.

Le pasteur put être un instant confondu, il ne connut ni timidité, ni hésitation. Les charges apparaissaient accablantes, néanmoins on fut prêt à l'heure; les enfants, garçons et filles, passèrent du groupe municipal dans un local disposé en quelques jours; presque tous suivirent leurs maîtres et leurs maîtresses expulsés.

Comme dans une soudaine tempête, le radeau, destiné au sauvetage, avait recueilli les passagers. Mais on n'entreprend pas une navigation de long cours sur les planches disjointes d'une chaloupe improvisée. Le bon curé décida d'installer ses écoles dans des immeubles leur appartenant. C'était, dans ce quartier, absolument privé de terrains libres, une dépense à couvrir de plus de deux cent mille francs. Et que ces premières prévisions allaient être dépassées!

Après avoir fondé, par acte du 21 avril 1879, une société anonyme, au capital de deux cent mille francs, représentés par quatre cents parts de cinq cents francs chacune, il sollicite la générosité publique, et afin d'être plus sûr de la provoquer et de la gagner irrésistiblement, il verse personnellement une première somme de soixante mille francs; par des apports successifs et assez rapprochés, il l'élèvera au chiffre de cent dix mille francs.

Une chrétienne aussi humble que fervente lui glisse un jour dans la main une liasse de soixante billets de mille francs : c'était le prix de vente d'une propriété inutile, dont elle avait tenu, disait-elle, à se débarrasser. Quelques mois après, nouvelle aumône de trente mille francs. L'histoire en est piquante : pourquoi la tairions-nous ?

Son mari, artiste de singulier talent et de foi plus élevée encore, avait formé une collection d'objets d'art du moyen âge, fort belle et très appréciée des amateurs ; il avait songé à la léguer au Louvre ; mais la persécution religieuse suspendit et modifia ses intentions ; il mourut sans en avoir indiqué d'autres. L'administration du musée décida d'acheter ce qui, sous un autre régime, lui eût été gratuitement transmis, et le prix de vente fut libéralement abandonné par la pieuse veuve à la caisse des écoles. On ne songea pas à lui en donner quittance ; elle refusa d'entendre le merci qui lui était adressé. Le bon Dieu remboursera capital et arrérages.

Une souscription, ainsi ouverte et conduite, ne fut close qu'après le dernier centime à solder, recueilli par le comité, acquéreur des deux maisons de la rue de l'Abbaye et de la rue Fürstenberg.

Elles ne sont pas luxueuses ; on leur reprocherait, en gravissant fréquemment leur escalier, d'être trop hautes et pas assez larges ; mais elles ne manquent ni de commodité ni d'espace ; elle sont éclairées, facilement aérables, très proches de l'église. L'antique palais abbatial, avec son air majestueux, sa façade de briques rouges, datant de Louis XIII, est bien un peu écrasant pour nos modestes bâtiments scolaires ; il ne laisse pas que de nous souffler une jalouse envie. Mais nous n'en sommes pas moins très fiers, dans notre pauvreté, d'être propriétaires et sans dette, après avoir amassé et dépensé en frais d'achat, de contrat, de travaux d'appropriation et d'amélioration, pas très loin de quatre cent mille francs.

Jadis le fameux cardinal prince de Fürstenberg, abbé de Saint-Germain des Prés, que les mémoires de Saint-Simon épargnent trop peu, et qui logeait à cet endroit ses chevaux et ses palefreniers, n'avait pas la satisfaction d'en dire autant.

Le souci du vénérable prêtre fut de s'appliquer à la prospérité de ce qui lui avait coûté tant de peine à établir ; il pourvoyait aux dépenses courantes, mais il veillait encore davantage à la bonne tenue des enfants, au progrès de leurs études, au développement de leur instruction religieuse et de leur piété.

Chaque mois, il réunissait les parents et il ne manquait jamais, en leur rappelant leur devoir, de se féliciter avec eux de tout ce que les événements scolaires avaient amené de flatteur et d'heureux. Afin d'ajouter à l'assemblée un caractère aimable et joyeux, quelques enfants, les plus sages et les moins inexpérimentés, récitaient des morceaux choisis, fables, poésies, dialogues, et la séance se terminait par une tombola, dont les billets étaient gratuits et gagnants. Il se plaisait aussi à présider les distributions de récompenses; il assistait parfois aux lectures de notes et aux séances mensuelles; il ne cédait à personne la charge de remettre les prix et les couronnes de fin d'année.

Ce fut même, au mois d'août, sa dernière apparition au milieu de ses paroissiens.

Malgré la fatigue, une chaleur accablante et une nouvelle crise de son mal, devenu plus aigu et lui causant d'insupportables étouffements, il ne consentit à entrer en vacances, pour prendre un repos absolument nécessaire, qu'après avoir annoncé les leurs aux six cents enfants de ces deux écoles.

Il parla d'une voix défaillante, remercia publiquement les Religieuses et les Frères de leur dévouement à l'éducation populaire et chrétienne, proclama la liste des certificats et des brevets, et comme si le spectacle de cette jeunesse couronnée, toute à la joie et au triomphe, l'eût rajeuni et consolé, il parut s'abandonner à l'espérance d'un prochain rétablissement; nous nous surprîmes à croire qu'il avait écarté de son esprit toutes ses sombres prévisions, conçues, hélas! depuis trop longtemps sur des symptômes certains et d'effrayants pronostics, pour être chassées sous un souffle de contentement et de paix intimes.

Avec cette œuvre des écoles libres, qui lui tenait tant au cœur et pour laquelle, dans un dernier sacrifice, dès longtemps médité, il consacra tout ce qu'il possédait, M. l'abbé Caux avait établi des institutions dont les bienfaits et l'influence se perpétueront après lui.

Nous nommerons l'Association des Enfants de Marie, destinée aux jeunes filles de la classe élevée ;

La Confrérie du Cœur eucharistique de Jésus, tant recommandée au congrès de Paris ;

Celle de Notre-Dame des Suffrages, si intéressante pour les deuils de la terre et les épreuves du purgatoire;

L'œuvre de Saint-Michel, réunissant mensuellement les personnes en service et leur ménageant des instructions et des secours propres à leur état.

Deux missions furent prêchées par les Pères Rédemptoristes, avec des fruits et une édification qui n'ont pas disparu et qui seront renouvelées prochainement.

N'omettons pas de signaler la société des ouvriers, placée sous le patronage de saint Joseph, et la société coopérative, avec le nom de la Providence. Les bénéfices matériels de cette dernière association étaient loin d'être les seuls qu'il entrevoyait, comme ont eu le tort de l'imaginer et de le dire des gens trop peu judicieux; les croyances affermies, les pratiques chrétiennes sauvegardées, la bonne presse répandue, le respect humain repoussé, l'instruction développée, la fraternité entretenue, tels sont quelques-uns des avantages obtenus et autrement considérables que les économies, réalisées sur l'achat des denrées alimentaires, ou la sécurité sur leur provenance et leur qualité.

On se serait du reste étrangement mépris si on avait cherché, dans la conduite de ce cher et regretté défunt, des mobiles humains. Il n'y était pas sensible; j'ai rarement rencontré quelqu'un plus constamment soucieux que lui d'écarter ce qui n'était pas de l'esprit de son état, des devoirs de ses fonctions, de l'intérêt de sa mission. La disposition habituelle de son esprit était de n'en tenir aucun compte. Évidemment, ses plus hautes et plus surnaturelles vertus tirent de là leur origine et leur développement; son humilité était sincère et profonde; son austérité, ses mortifications et son amour de la pauvreté étaient poussés à un degré qui a choqué plus d'un mondain; sa charité ne comptait pas avec le don, elle dissimulait peut-être un peu trop le prix de l'aumône et les délicatesses de la pitié, sous un silence qui glaçait les remerciements, dans la bouche de l'obligé, mais qui privait aussi le bienfaiteur de la satisfaction de la reconnaissance. Il le désirait ainsi.

On m'en a raconté un témoignage charmant. Une quête avait été organisée dans son église, au profit des pauvres malades de Ménilmontant. La mauvaise chance, qui poursuit les malheureux jusque dans leurs espérances, voulut que le temps fût détestable, le sermon peu émouvant, les chaises presque vides. Par surcroît, les invitations n'avaient pas été exactement adressées ; les dames quêteuses prévoyaient donc une recette à peu près insignifiante. Elles rentrent à la sacristie, soulevant, avec un sourire attristé, des bourses trop légères ; M. le curé s'avance, et, s'excusant de tous les fâcheux contretemps, il dépose son offrande. « C'est la double aumône, dit il, du curé et de sa nouvelle paroisse à l'ancienne, » et il disparaît. On regarde : le papier froissé, qui enveloppait un louis, était un billet de cinq cents francs.

Il n'avait jamais eu vue que la gloire de Dieu, le règne de Jésus-Christ, la sanctification des âmes.

Une petite feuille trouvée dans son bréviaire, et qui porte les traces d'un long usage, nous a révélé ses sentiments les plus familiers et les plus intimes.

« Le prêtre ne vaut que par la prière : s'entretenir dans l'esprit de prière par la fidélité aux exercices de piété.

« Votre Église, mon Dieu, est attaquée, vos ennemis veulent perdre les âmes. O mon Dieu ! par votre Cœur faites de moi un saint, pour que je puisse prier. Qu'est-ce que je pourrais faire ? ô mon Dieu ! Si je savais, je le ferais de suite, avec votre grâce. Donnez-moi, mon Dieu, l'esprit de prière, l'oraison dans la patience et l'humilité. »

Le même goût de piété apparaît dans des vœux de bonne année qu'il adressa à ses paroissiens en 1882; il les leur fit parvenir sous la protection et avec l'image de Notre-Dame la Blanche, ex-voto de Jeanne d'Évreux, la veuve infortunée de Charles le Bel. C'est la Vierge bénie et miraculeuse de Saint-Germain des Prés; on ne saurait exprimer combien à ses pieds accourent de pèlerins, se murmurent de prières, brûlent de cierges et se sèchent de larmes inconsolables.

L'ingénieux et vénéré pasteur avait emprunté un mot à l'Écriture Sainte pour exprimer aux bienfaiteurs, aux pauvres, aux affligés, aux malades, aux pères et aux mères de famille, ce qui leur convenait et ce que son affection et son zèle désiraient pour eux. A tous il offrait la prière de Tobie : « Que la bénédiction de Dieu se répande sur toutes les familles. Que vos enfants jusqu'à la quatrième génération soient bénis du Dieu d'Israël qui règne dans les siècles des siècles. »

Au tribunal de la pénitence, il n'opéra tant de bien et ne fit agréer son autorité, qu'en ne cessant jamais de se guider et de conduire les autres par les plus pures pensées de la foi. Ceux qui ont entendu ses exhortations, reçu les conseils de son expérience, usé sa patience et éprouvé sa bonté seraient capables de témoigner jusqu'où l'emportaient ses désirs de progrès spirituel et de salut. Mais ces secrets de tant de consciences qu'il a conduites, soutenues, éclairées, élevées et ramenées, n'appartiennent pas à la terre. Qu'il nous suffise de remarquer que sa direction était singulièrement appréciée, forte et paternelle tout ensemble.

Il se plaisait à relever les faibles ; il avait le don spécial de consoler et de raffermir les âmes troublées ; sans le chercher il trouvait le mot propre, le *sermo opportunus* des Livres saints ; beaucoup conservent ainsi quelques-unes de ses paroles dont les années n'effacent pas l'impression profonde. Il avait en effet l'habitude et la facilité d'exprimer sa pensée dans une forme concise, ressemblant assez à un axiome, à une maxime, prompte à éveiller l'attention, et aisée à retenir. Il usait de fréquentes comparaisons et nous savons qu'il aimait à répéter aux impatients, se plaignant de ne pas constater leurs progrès : « Lorsque vous êtes en chemin de fer, ne vous semble-t-il pas que vous n'avancez pas? plus la vitesse est rapide, plus l'espace vole devant vos yeux, et plus vous êtes porté à croire à votre immobilité ; cependant la route se fait et les distances se brûlent. Rassurez-vous, priez et recourez à Notre-Seigneur. »

Ses nombreux travaux et le peu de soin qu'il prenait de sa santé usèrent lentement ses forces et minèrent sa robuste constitution. Il y a deux ans, une première apparition de la maladie qui l'a emporté inspira les plus vives appréhensions; à force de volonté il surmonta la crise : agissant tout à fait comme s'il n'avait pas été atteint, il se persuada et il persuada aux autres qu'il souffrait peu et qu'il n'y avait aucun danger prochain ; il n'abandonna presque rien de ses habitudes, de ses charges et de ses œuvres. Mais le mal n'était qu'assoupi; au commencement de juillet, il reparut avec une intensité révélatrice de ses progrès internes. Il était difficile de conserver quelque illusion; le 8 août, M. Caux, frappé à mort, partait pour Saint-Nectaire, sur l'ordre du médecin; il allait demander à cette station du Puy-de-Dôme un air plus pur et plus léger et un peu d'appétit, qui était tout à fait perdu.

Le voyage le fatigua extrêmement; en arrivant, il fut obligé de prendre le lit; le jour de l'Assomption, il essaya de célébrer la sainte messe; il ne l'acheva qu'avec une peine et des lenteurs excessives : les assistants étaient effrayés de sa pâleur, autant que sensibles à sa dévotion. Depuis, ce furent des souffrances atroces et presque continues, une longue agonie de deux mois; ce cher malade montra la patience la plus inaltérable, le calme le plus soutenu et un acquiescement à la volonté divine, que le sacrifice d'expirer loin des siens, dans une chambre d'auberge, à cent cinquante lieues de sa paroisse, rendait plus dur et plus méritoire. Sa piété apparut dans toute sa vivacité, lorsqu'il reçut les derniers sacrements et la double bénédiction du cardinal-archevêque de Paris et de Notre Saint-Père le Pape. Mais, depuis longtemps accoutumé à maîtriser ses émotions, même les plus légitimes, ayant tourné en lui-même, du dehors au dedans, pour sa perfection intérieure, l'énergie d'une volonté souveraine, il s'enfermait dans un silence, rarement entrecoupé par les monosyllabes indispensables; on l'aurait pris pour de l'impassibilité, si quelque signe ou un soupir n'était venu ajouter aux angoisses des parentes qui se tenaient à son chevet.

Ses lèvres étaient muettes, mais son cœur n'était pas assoupi ; il veillait, entretenant « cette lampe ardente et luisante » qui doit briller à l'arrivée de l'Époux et dont il avait toujours modestement cherché à couvrir l'éclat, afin de ne pas le laisser perdre, en le répandant mal à propos.

Ses désirs se tournaient vers le ciel ; ses pensées vers ses paroissiens. On le vit bien un matin où on l'entretenait de Saint-Germain; deux grosses larmes jaillirent de ses paupières fermées et descendirent de ses joues amaigries.

Le 8 octobre marqua le terme de son pèlerinage et la fin de ses souffrances; il avait un peu plus de soixante-cinq ans d'âge, un peu moins de quarante ans de prêtrise.

Son corps fut ramené à Paris ; le cercueil, exposé

dans la chapelle de Saint-Symphorien, transformée en chapelle ardente, attira pendant trois jours un concours de nombreux visiteurs; des larmes sincères furent versées, beaucoup de prières répandues, de riches couronnes offertes. Les obsèques furent célébrées avec la pompe qui convenait à la dignité et aux mérites du pasteur. M. l'abbé Pelgé, vicaire général, son légataire universel, conduisait le deuil. M. le curé de Saint-Germain l'Auxerrois chanta la grand'messe et donna l'absoute ; la plupart des curés de Paris l'entouraient, revêtus de leur habit de chœur et de l'étole noire. Près du caveau, les dernières prières récitées, M. Bouchot, avocat à la cour d'appel, a prononcé, dans un langage ému, le suprême adieu.

Un mois plus tard, le 13 novembre, M. l'abbé Caron, vicaire général et archidiacre de Notre-Dame, en présentant M. l'abbé de la Guibourgère comme le successeur du vénéré défunt et le plus digne de continuer ses charités et ses fondations, ajoutait par l'autorité de sa charge et l'éloquence de ses discours à tous nos éloges, et confirmait tous nos regrets : « Ce bon soldat du Christ, *Bonus miles Christi*, dit-il, en résumant sa pensée, a passé en faisant le bien. »

Touchante coïncidence : lorsque M. Caux quittait Notre-Dame de la Croix de Ménilmontant, son curé, M. Mugnier, saluait son départ des mêmes paroles : *Transiit benefaciendo*. Elles étaient alors l'aimable et sincère compliment des adieux ; reprises à juste titre par M. l'archidiacre, elles ont servi de texte à une touchante oraison funèbre.

Et maintenant, s'il convient, après ce que nous venons d'écrire, trop imparfaitement au gré de nos souvenirs et de notre amer et durable chagrin, de résumer cette pieuse et apostolique existence ; s'il est utile d'en graver l'épitaphe sur la pierre qui l'a scellée à jamais, au cimetière du Montparnasse, nous proposerons les trois mots employés par l'écrivain sacré, pour peindre le patriarche de l'Idumée : *Simplex, et rectus, et timens Deum.*

Homme droit, prêtre modeste, curé sage et désintéressé, ses vertus le protègent devant Dieu, et ses œuvres, dans l'opinion des hommes, garderont sa mémoire entourée de considération et d'honneur.

La Vierge vient au secours du mourant, tandis que Jésus lui donne sa bénédiction.

BIENHEUREUX CEUX QUI PLEURENT, PARCE QU'ILS SERONT CONSOLÉS
Couronne de lumière d'Aix-la-Chapelle. Douzième siècle.

www.ingramcontent.com/pod-product-compliance
Ingram Content Group UK Ltd.
Pitfield, Milton Keynes, MK11 3LW, UK
UKHW022009260726
13994UKWH00004B/1990

9 782329 346892